Yoon Sang-woon

시인 윤상운

행복한 나뭇잎

윤상운 시집

행복한 나뭇잎

시학
Poetics

■ 시인의 말

가슴에 가두었던 새들을 숲으로
돌려보낸다
눈 위에 찍힐 작은 발자국들을
생각한다
겨울을 건너다 고요에 이르면
나는 비로소 평화를 얻으리라

2008년 9월
윤상운

차 례

제1부

제2부

제3부

제1부

주머니 할아버지

오후 서너 시면 어김없이 마을 앞 공터에
노인은 나타났다
땅콩과 알사탕 껌과 카라멜이 주머니마다
가득했던 노인을 주머니 할아버지라 우리는 불렀다
산 속 움막에 사는 노인은
친구가 유난히 많았다
눈에 덮인 아침에는 까치와 노루가
움막에 나타나곤 했다
겨울이 깊어지면 산의 적막을 흔들던 바람이
오래 움막에 머물렀다

도대체 할아버지는 그 많은 정겨운 것들을
어디서 가져왔을까
할아버지는 원래 가난했는데

소년들이 흰 머리 소년이 되었을 때
누군가 마음의 창고를 열기 시작했다
점점 외로워지면 질수록 멀지 않아

퍼내어도 퍼내어도 줄지 않는 할아버지의
그 주머니를 그도 가지게 될것이다
그 때는 그에게도 친구들이 많이 생길 것이다
우리들 마음 속에서 갈수록 그리운
주머니 할아버지처럼

쬐끄맣게

자다 일어나 생각한다
한평생 함께 지낸 사람들
생각할수록 모르겠다
첫새벽 동네를 한 바퀴 다 돌아도
때때로 서러운 이유를 모르겠다
거울에 비치는 내가
너무 낯설다
이 막막한 우주
우두커니 창가에 우두커니
쬐끄맣게
시간을 잊고 서 있다.

페르귄트를 위하여

새라면 좋겠네
새로 생겨나는 초록 잎사귀 가득한 숲과
햇살 반짝이는 강물이 만나는
언제나 처음 보는 그리운 나라
새 중에도 우아한 비행 속에 외로움을 숨긴
한 마리 학이라면 좋겠네
헤어지던 나를 가슴에 묻고
아직도 그곳에서 나를 기다리는
그대를 떠나
순록이 이동한 곳을 찾아 떠나는
내 마음의 바탕화면은
눈 덮인 벌판이었네
돌아보면 걷던 길 눈으로 돌아가고
내마음 깊은 곳에 울리는
피오르드의 얼음 녹은 가장 맑은 물소리
내 영혼
처음 보는 낯선 하늘을 향해 다시 나는
끝없는 방랑의 혼이라네

풍금

그녀가 일직 서는 날
풍금 소리 울리면
시간은 곡조에 맞추어 흘러가고
가슴에선가
개나리도 복사꽃도 환하게 피었다

그녀가 시집가지 않기를 바랐다
교실 뒷 벽에 걸린 파스텔 그림처럼
열두 살 나이로 가꾼
시골 소년의 사랑은 오래 오래
그 나이로 남으리라 믿었다.

어느 땐지 학교는 폐교가 되고
몰라
슬픈 건지 외로운 건지 서러운 건지
운동장엔 건반을 밟으며 햇살이 따라오고
풍금 소리 그날처럼 가슴에서 울었다.

한숨

억장이 무너지는 한숨소릴 들으면
나는 가만히 등 뒤에서 숨을 죽인다
슬픔은 또 다른 슬픔을 만날 때
본능적으로 겸허해지는 모양이다
산이 무너지는 그 자리에
땅이 꺼지는 그 자리에
나는 소리 없이 묻히고 싶다
한숨이 세상 다른 한숨과 만나는 순간
초록의 새 산이 솟고
생명의 기운 넘치는
새 땅이 돋아
산에는
땅에는
전보다 이쁜 것들이 전보다 아주 이쁘게
살아갈 것이라 나는 믿는다
한숨이 곰삭은 풍부한 자양분을 섭취하며

행복한 나뭇잎

나뭇잎들이 어제 떠났습니다.
눈길을 걸어 봄까지 가면
멧새도 휘파람새도 어디선가 날아와
새 순이 돋도록
봄 하루가 짧다 연초록빛 울음을 울겠지요.

당신은
해 뜨는 그리운 아침들과
까맣게 윤이 나는 외로운 밤들을
나뭇잎에게 허락 하셨습니다.
나뭇잎으로 지상에 머무는 일
나뭇잎으로 지상을 떠나는 일
아름다운 일임을 조금씩 알아 갑니다.
나뭇잎으로 태어나 행복합니다.

호수

어이할꺼나
이 나이에 다시 사랑을 하면
안개 걷히는 호수
잠 못드는 밤들이 내게 오고
한숨 속에서 다시 별들이 뜬다면
이 나이에 어이할이거나

홍시

고향 하늘 바라보면
늙은 감나무 떠오른다
잔 별 총총한 둑길 지나
잎사귀 날리며 그림자 길게
혼자서 단 맛을 높여가던

모르스 부호처럼
반짝 반짝
아스라한 하늘길 건너
높은 가지 위의 빨간 그리움

하늘 푸른 날
또옥 똑
장대로 딴 홍시를
옛사람과 먹고 싶다
둑길을 따라 별을 따라
그날처럼 멀리 걸으며

오륙도

날이 흐려 다섯이면 어떻고
날이 맑아 여섯이면 어떤가
다섯과 여섯을 넘어 바위로 선
영원
덧없는 파도에 몸을 맡기고 섰다가
어느 새 섬은 잠들고
별을 헤느라 조용하던 파도들
섬을 향해 다시 밀려가면
우리가 왜 외롭고
우리가 왜 그리운지
그대 문득 아는가.

오랜친구

비단 뫼 흰 바위 마을 어귀에는 나이 지긋한 우리의 오랜 친구가 있습니다. 옛날 우리 할아버지의 할아버지 되시는 또 그 할아버지의 할아버지 되시는 분들과 친구였으나 이제는 우리의 친구가 된 참 오래 된 느티나무죠. 젊어서는 눈치가 보여 곁에 다가가기 어려웠으나 무더운 날 이런 저런 푸념 다 들어주고 막걸리 몇 사발에 여름해가 기울 때까지 누워 있어도 싫은 내색 않는 변함없는 친구죠. 흉한 일이나 기쁜 일이나 다 함께 겪으며 누구의 말이든 끊는 법 없는 참 넓은 귀를 가진 친굽니다. 오래 못 만나면 더러 꿈에라도 찾아와 그늘 한 자락을 슬며시 내어주고 가는 말 없는 친구. 우리가 떠나고 나면 우리 아이들과도 또 그 아이들의 아이들과도 친구가 되어 마을을 지켜 줄 우리를 마음 편하게 만드는 친구. 한 번도 우리에게 원하는 게 없었습니다. 내년 봄엔 막걸리라도 듬뿍 원없이 먹여주고 그 친구 푸념을 듣고 싶습니다. 아마 빙그레 웃으며 연초록 눈을 열심히 틔우겠지요. 곁에 있거나 멀리 떠나

있거나 우리들 마음의 눈 한 가운데엔 늘 푸르른 잎을 달고 한결같은 모습의 그 친구가 우뚝 서 있습니다.

옹기

뚜껑을 잃고 잊혀져 가는 묵은 옹기를 만났습니다. 밤에는 달빛이나 별빛을 낮에는 햇빛을 채웠습니다. 그리고 어쩌다 떨어지는 붉은 감잎도 채웠습니다. 있는 듯 없는 듯 쓸모 없는 오지 항아리는 장독대 한귀퉁이로 밀려나고사람들에게 소중한 것들을 채우고 뚜껑을 잘 덮은 항아리들이 볕이 잘 드는 자리를 차지하고 있었습니다.

기억 속에서 차츰 희미해져 가는 친구가 떠올랐습니다. 어쩌다 전화 한 번 해도 고맙다 소리를 몇 번씩 하던 그 친구가 채워주던 후미진 골목 안의 정든 것들을 오래 잊고 살았습니다. 뚜껑 없는 옹기의 소용 없어 보이는 쓰임새를 발견 할 때쯤에야 비로소 우리는 눈에 안 띄게 자연을 닮아가는 시늉을 하는 모양입니다. 종달새 알을 찾아 보리밭을 헤매면 무슨 일인가 싶어 팔랑거리며 나비가 쫓아다녔다. 봄이 지천으로 흐르는 냇가를 지나 꽃상여 타고 네가 아지랑이 속으로 사라지던 어느 날 오줌 한 번 누고 눈물 한 번 훔치면 그냥 잊을 줄 알았다.

어떤 만남

꿈 속에서 우리는 만났다.
민들레 홀씨처럼 머리 휑한
흰 머리 소년과
구름을 배경으로 볼우물에 햇살 머무는
초등학교 오학년
웃음 많던 소녀 그대로의 모습으로

보리밭도 그 많던 나비도 사라지고 종달새도
울지 않는 오십 년 후 어떤 봄날이었다.

안심사安心寺

비 내리고 마음 둘 곳 없는 날
안심사에 들렀네
대둔산 그 뭉클한 바위 봉우리들
나를 따라와 마음에 자리 잡았네
살아온 날들 문득 초라해 눈물겨운 날은
대둔산 바위 봉우리 위로 해가 뜨는 모습을 생각하네
해가 지면 별이 돋는 모습을 생각하네
바람 불고 큰 비 내리는 세상의 가파른 능선
고요함에 이른 절 하나 눈을 뜨고
바람도 맞고 비도 맞으며 지나라 하네
맞으면 맞은 대로 하늘을 보며 지나라 하네
슬픔이 오고 슬픔이 가는 마음 복판에
하늘을 이고 선
그 뭉클한 바위 봉우리들
어느 새 내 마음에 우뚝 솟았네

안경

도수度數를 높여 새로 맞추었다
또렷하게 잘 보인다
보고 싶은 건 많아지건만
도수를 높일수록 볼 수 있는 시간은
갈수록 짧아진다

전보다 눈을 감는 시간이 는다
눈을 감고 본다
흔들리지 않고 잘 보인다

새로운 안경으로
사물의 뼈를 바라볼 때가 되었다
도수가 없는
마음 속의

안개

자주 안개가 끼었다. 도시는 사라지고 사라진 도시 속엔 크고 작은 사건들이 들어 있었다. 한 쪽 귀퉁이에 피어있던 들꽃같은 그대를 향한 나의 그 쓸쓸하고 쬐끄만 관심도 보이지 않았다. 안개가 걷히면 도시는 다시 돌아왔다. 그러나, 안개가 끼고 그 사이에 일어났던 사건들은 우주에서 이미 흔적이 지워져 있었다. 봄날 꿈속에서 들었던 새울음처럼 존재 했으면서 존재하지 않은 그것은 꿈이 었을까. 증발한 도시를 향해 증발한 나의 들꽃들에게 나는 자꾸 편지가 쓰고싶다.

슬픔 한 냥 가벼움 한 냥

병 든 여인 등에 업으니
슬픔 같은 것
슬픔 같은 것
몇 냥이나 될라나
뉘도 모를 그 아픈 밤들
푸르름 아래 서니
가벼워라
한평생 내 사랑의 무게

첩첩 산중

길을 잃었다
길을 찾아 헤매다
날이 저물었다
큰 나무 밑에 누웠다
하늘이 마냥 넓었다
오늘 밤의 일은
밤에게 맡기리라
가슴으로 길을 내며 물소리가 흐르고
언제부턴가 나는 계곡이 되었다.

숲

숨이 멎도록 벌거벗은 채 맨발로
달릴 수 있는 데까지 달려보리라
어디서 멈춘다 한들 숲에는
그렇게 멈춘 나무들이 자라고 있다.
사방을 둘러보면 다른 나무들도 사방을
둘러보다 눈을 안으로 돌리고 있다
다시 벌거벗고
하늘을 향해 달리는 꿈을 보고 있다.
하늘을 향해 달려가는 영혼들이
숲을 더 푸르게 만들고 있다.

새벽에 산길에서

이름도 모르는 나의 애비야
치매에 걸린 당신 아낙 불쌍놈에게 맡겨 놓고
당신은 저승에서 이미 이승의 인연을 잊었느냐
아니면 운주사 그 많은 돌부처들 앞에서
손이 발이 되도록 빌고 있느냐
파도를 건너 구름 속으로
해는 들어가고 있다.
죽기 전에 한 번
뼈가 부서지게 서로 안아보자
마음 한 쪽 구석에 웅크렸다 불쑥 불쑥
온 몸에 번지는 장밋빛 통증 같은
얼굴도 모르는 나의 애비야

상사화相思花

운명을 어이하랴
나 지상에 태어날 때
내 사랑도 함께 태어난 것을
기다림의 그 모진 밤
가슴 속 옹이로 자란
그리움이여
이별의 시간들을 빨갛게 불사르고
까맣게 재 되어 스러지면
산에는 속절없이 산새만 울리.

산이 자라다

산 속 집 앞 텃밭은 쑥대만 무성하다
두릅이나 더덕이라도 심어
숲 속 식구들을 불러야 겠다
사람 그리운 겨울 저녁엔
늦도록 난로에 불을 지피고
창 밖의 적막을 바라본다
마을로 이어진 길에는 눈이 쌓여
짐승들의 발자국 또렷하다
길은 마을을 지나 멀리까지 이어진다
내 영혼의 밭에 봄비 내리고
숲의 일부로 새로 태어날 날을 기다린다
노루와 산토끼와 새와 다람쥐와
계곡에서 만나 함께 물을 마시는 날을
때가 되면 채우고
때가 되면 비우는
흐름 속에서 오래 전에 스스로를 잊은
산이 마음 속에서 자라고 있다

우수雨水를 지나며

얼음이 녹으면 꿈을 꾸리
봄이 오는 강가에 앉아
추위에 몸을 떨던 것들을 불러 보리
달디 단 햇살을 받으며 들길을 걷다
엷은 졸음같은 아련한 것들
노을까지 걸으면 함께 노을이 되리

사과를 깎으며

과육의 향기 속을 지나노라면
나 그대에게 약속한 말씀들
그 어느것도 향기에 이르지 못했네
제대로 된 슬픔 하나
온전하게 단 맛으로 바꾸지 못하고
슬픔을 건너 빛의 근처에 이른 것처럼
그대를 보며 미소지어도
내 마음은 벌거벗은 부끄러움 뿐이네
서리꽃 하얀 밤의 침묵 속으로
나 이제 아득히 걸어가네
뼈저린 날들의 뼈저림이 곰삭은
단 맛을 그대에게 건네기 위해

붕어빵 할매

— 거리의 시인 J

무쇠 주형에 밀가루 반죽 단 팥을 넣고
노릇 노릇 붕어빵이 익기를 기다린다
부지런한 손놀림으로 얼만큼 더 빵을 구우면
기다리던 무심에 이르는가.
비가 내리면
내리는 빗방울에 슬픔을 반죽하여
향긋하게 익은 슬픔을 당신에게 건네준다
눈이 오면
날리는 희미한 그리움 속에
바삭바삭하게 남은 물기를 마저 굽는다.
그리운 사람들에게 빈 손으로 돌아가는
쓸쓸한 시간이 오면 사람들아
따스한 거리의 시 한 편 담아 가시게

제2부

봄 오기 전

괜스레 가슴 답답하다
갑작스런 큰 슬픔 오려나 보다
아침엔 흰 구름
저녁엔 노을 퍼지는 하늘 저쪽 바라보면
아직도 잃고선 못살 것이 남았나보다
오는 봄엔
살풀이 한 판 신명나게 벌여야겠다
긴 수건 하늘 가리고
하얀 울음 눈부시게 울어야겠다

볕 좋은 날

잠자리 날개의 가는 금까지
환하게 비치는 그런 날에
잘 늙은 노인같은 구름이
따스하게 나를 불렀다

자네
가슴에 옹이가 너무 많구먼

햇빛 속으로 걸어가자
골짜기 마다 채곡채곡 햇빛을 채우고
산은 나뭇잎들을 다독거리고 있었다

양지 바른 언덕에 앉아
말문을 열었다. 고해성사를 하듯
노인에게
감추었던 눈물을 조심스레 꺼냈다

별의 일기

살을 내어준들 아까울 것 없었다
넋을 태워 네 어둠을 밝혀 주고 싶었건만
병 들어
네 가슴에서 우는 풀벌레로 살았다
슬픔 많은 지상의 영혼들이 반짝이는 눈물로
하늘에 태어남을 너를 위해 울다
이제 비로소 알았다
작지만 또렷한 그리움으로
네 머리 위에서 어둠을 쫓을 날을 기다린다
이승의 시간들이사 순간에 깨는
봄날 한낮의 꿈이 었으면 좋겠다
사금파리처럼 쉽게 부서져 우는 나의 아들아

백로白露 무렵

풀벌레 울 때마다 이슬 하얘지고
바람은 강둑 아래 들녘까지 내려왔다

달빛 유난히 밝아
늦도록 창 앞에 서 있다.

인적 드문 산 속 작은 집엔
자주 군불을 지펴야 하리

밤낚시

여인의 두 다리가 벌어지고
흐느낌의 끄트머리쯤
절륜한 해가 솟다
사랑한다
밤내 울던 소쩍새들아
물지 않던 물고기들아
두고온 일들이 입질을 시작하고
마음 한 쪽 구석에 걸어놓는
밤의 고요가 새긴
판화 한 점

문득 산을 보며

자네 사는 마을에 눈이 왔다고
모든 걸 놓아버리니 마음 한가해
막걸리 맛이 전보다 달고
늙은 소나무의 휘어진 가지에 눈이 자주 간다는
자네 편지에서 솔바람 소리를 문득 듣네
동강에 빠져 흐르던 구름을 생각하다가
작년 봄에 함께 먹던
강원도의 그 구수한 묵 맛을 떠올리네

세상살이 인연의 번거로움에서 벗어나면
그 다음엔 자네 무얼 할텐가.

무주 금산 방우리 설 재두씨

무주와 금산의 경계 어림에 방우리라는 하늘 아래 둘도 없는 평화로운 마을이 있습니다. 여덟 가구 열 한 사람이 모여 사는 이 마을에 설 재두라는 유난히 목이 긴 사람이 삽니다. 선친이 정을 들어 산의 암벽을 뚫은 지 십여 년만에 금강을 끌어들여 이룬 마을, 설씨네가 오손 도손 아침 저녁으로 이름을 불러가며 사는 마을에서 아버님의 산소가 보이는 곳에 집을 짓고 오늘도 설 재두씨는 어쩌면 찾아올 지도 모르는 그리운 사람을 기다리며 마을 어귀를 바라보고 있습니다. 잠시 들러 마을을 돌아나가는 금강에 세상살이 부질없는 구름을 흘려보낸 아름다운 물빛같은 설 재두씨. 자연도 사람도 잊혀져 가는 맑은 모습들은 왜 사람의 마음을 아리게 만드는지 설 재두씨와 그가 사는 방우리는 사람들 소식 궁금한 가을 저녁이나 바람소리 큰 겨울 아침엔 문득 문득 아련하게 떠오릅니다.

매미 우는 어떤 날

가슴 아픈 것들은 저마다 제각각
저렇게 반짝이는 소리들을 가지고 있는 걸까
한낮 매미 울음같은
무성하게 푸르른 것들은
보지 않는 사이 무성하게들 자라나
가릴 수 있는 건 무어든 다 가리고 있다
불현듯 마음 한 귀퉁이에 바람이라도 불어
나도 모르던 마음 한 자락이 조금씩 보일 때쯤
잠자던 슬픔들이 갑자기 눈부시게 변하고 있다
무료했던 오후의 끝자락에서
단단한 어떤 알맹이들이 하늘을 향해 길을 내며
강물이 되어 흐르고 있다

.

흐린 겨울 아침

코트 깃을 세우고 거리를 걸었습니다
인적은 드물고 가끔씩 만나는 낙엽들이
사람들의 춥고 긴 밤을 생각하게 합니다
잠시 모든 것을 잊게 하는 눈이 내리겠지요
먼 숲에서는 건강한 숫사슴들이 뿔을 갈아
자신들의 왕국을 세울 채비에 분주할 껍니다
내년 봄엔 초롱초롱한 눈망울의 어린 사슴들이
연한 풀을 뜯겠지요
지금 어디선가 혹독한 시련을 선택한 영혼들이
겨울의 한복판을 공격하기 위해
강철의 뿔을 갈고 있을 껍니다
겨울은 이제 한창이지만
기다리는 사람들의 마음속에 봄은
이미 와 있음을 믿습니다

만어석萬魚石 너덜에 서서

나는 꿈꾸었네
동해의 어둠 속에서 길 찾는
한 마리 물고기였을 때
하늘에선가 온 세상에 흐르는 종소리
당신이 내게 와 빛이 사는 마을을 가리켰을 때
어둠 속의 일만의 영혼들이 그대를 따라
그 많은 파도와 그 높은 산을 넘었네
만어산에 이르러
하늘의 뜻에 따라 우리는 모두 돌이 되었네
임은 미륵전에 들어 미륵이 되시고
우리들은 발치에서 지나온 고해의 바다와
번뇌의 산을 보고 있네
시간이란 본시 속세의 것이니
시간을 넘어 영원에 이르는 길을 찾는 자여
우리의 몸을 두드려 보게
그대의 마음을 흔드는 종소리가 들린다면
그대는 우리와 함께 만어산에 사는
어둠 속에서 태어난 빛의 몸뚱어리

하늘의 문을 여는 소리꽃이라네

주:만어석 너덜-삼랑진에 있는 만어사의 돌들이 이룬 비탈

옛날 동해의 용왕의 왕자를 따라
일만의 물고기들이 도를 찾아
만어산에 이르러 돌이 되었다 함.

도시의 나뭇잎

아스팔트의 거리에는 바람이 불 때마다
나뭇잎들이 떨어집니다
더러는 청소부 아저씨들의 비닐포대에 담겨
어디론가 떠나고
더러는 바람과 함께 유령처럼
거리를 떠돕니다
어젯 밤에도 오늘 아침에도
흙으로 돌아가지 못하는
나뭇잎들의 흐느낌을 들은 것 같습니다

고향이 어딘지 기억조차 못하는
아이들의 교사가 되어 수십 년
나도 고향을 잃었습니다

전해 주십시오
우리는
떠도는 도시의 유령이 되었다고

달빛 피리

몸에 감기는 말소리같은 봄날 안개
여름 숲에 사는 푸른 바람
노을 번지는 갈대 숲과
눈 덮인 산길에 찍힌 짐승의 발자국
사랑하는 이여
당신에게 보냅니다

타오르 던 초 한자루
어둠으로 돌아가려 합니다
마음 골짜기에 쌓이는 적막
내가 가지고 떠납니다

누군가 피리를 불고 있습니다
돌아보면 달빛이 흐르고 있습니다

눈꽃

땅 에는
작은 것들의
작은 외로움

하늘에는
반짝이는 것들의
반짝이는 외로움

하늘과 땅 사이에
외로움
뼈마디마다 아스라히 피어나다

낯선 곳으로 떠나다

딱히 언제부터라고 말할 수는 없겠네 유난히 말수가 적어지고 그냥 가만히 자네를 바라보는 시간이 늘어간다면 어떤 낯선 곳으로 내가 떠났다고 생각해주게. 물푸레나무나 아카시아를 흔드는 바람의 모습을 몇 날이고 며칠이고 주의 깊게 바라본 사람이면 알지 지금 도착한 저 바람과 어제의 바람이 지나온 경로와 나무를 흔드는 이유가 다르다는 것을 무엇이 두려워 우리는 익숙한 것에 집착하는 걸까 익숙하다고 생각해야 마음이 놓이는 걸까 내가 길을 내고 가려는 곳에서 만날 외진 마을의 저녁 풍경과 뒤척이며 들을 새벽 계곡 물소리에 벌써부터 가슴이 뛴다네 과거의 익숙한 서로를 이제는 놓아 줄 때가 되었네

낮달

아무 일도 없었다
작은 배 한 척
강물을 따라
흐른 일 밖엔

누군가 만리를 저어
푸르름 속으로
떠난 일 밖엔

낙엽을 태우며

낮달 뜬
산 아래 마을에서 술을 마신다
억새들은 정갈하게 흰 머리를 빗고 있다
바람은 눈을 데리러 떠날 모양이다
두어 뼘 낮이 머무는 시간
마른 것들을 태운다
가슴에 머물다 허공으로 스러지는 냄새
마을은 적막 속에 잠겨 가고
빈 들판에 서서 하늘 보는 일
산마을 사람 몫으로 남았다

낙과落果

살아온 고뇌
향기로 익어가다가
뺏속까지 향기로울 때
툭

땅은
눈에 안 띄게
가슴이 패었다.

나무가 되어 가지를 서로에게 기대다

운동장 한 귀퉁이
은행나무와 편백나무가 가지를 서로에게 기대고
서로를 지탱해 주고 있다
모양도 다르고 이름도 다른 나무들이
함께 그늘을 만들고 있다.
바람은 예전처럼 불지만 바람 때문에
많이 힘들어 하지는 않는 것처럼 보인다

길에서 만난 사람들에게 흔들리는
나의 가지를 슬며시 기대고 싶다
서로의 가지로 서로를 지탱해 주며
당신이 은행나무라면 나는 편백나무가 되어
가지 속에 흐르는 서로의 눈물로
함께 그늘을 만들고 싶다
혼자서 감당하던 바람들을 함께 견디며

길을 찾다

무량無量 시간 건너
지구라는 작은 별
다섯 바다와 여섯 뭍 지나
오늘은 부산 연안 부두길
어디로든 통하는 어지로운 길 위에서
잠시 하늘을 본다
허전한 시인들이 술내기 고스톱치는 중앙동 지나
사십계단 올라가면
저무는 바다를 향하고 선 산복도로
산복도로 지나면
사람들에게 육신도 영혼도 내주고
한결 낮아진 정든 산들
그 길을 걸어 쭉 가면
이마 위에 바로 하늘
어느 길로 가면 거기까지 갈까

제3부

내 마음 머무는 곳

대청호를 따라
아카시아 향기를 맡고 가다가
폭이 넓은 곳에 멈추었다
수면 위로 반짝이는 햇살과 함께
마음 속 오만 근심이 반짝이는 것을 보다가
어느 새 잠이 들었다

어제도 사라지고 오늘을 잊은 채
잠 속에 머무는 호수 곁에서
우주는 문득 평화로웠다

그 하얀 길

눈의 무게를 감당하지 못하고
가지가 부러진 나무 앞에서
나는 멈추어 나아가지 못한다
처음에는 가벼웠으나 무수히 쌓여 무거워진
작은 상처들 때문에 자주 흔들리는 사람들아
눈 오는 날엔 함께 눈을 맞을 일이네
서로의 마음에 쌓인 무거운 것들을 털어가며
함께 눈길을 끝없이 걸을 일이네
우리를 힘겹게 하던 무게에서 벗어났을 때
산도 들도 호수로 가는 길도
흰 빛으로 하나가 되었다
흔들리던 모든 길 사라지고
세상은 눈에 덮여 맨 처음
하얀 그 길로 돌아왔다.

그 여름의 바닷가

평생 마신 우리의 술을 슬픔으로 바꾼다면
작은 시내 하나는 흘러가게 할까 몰라
광안리 모래 사장에 앉아
황태를 뜯으면
보름 갓 지난 달은 밝았다.
파도는 잔잔하고
오랜만에 듣는 젊은 날 그대의 노래
'Gloomy sunday'
바다는 그대의 슬픔으로 더욱 깊어지고
우리의 여름은 바다 깊은 곳으로 가라앉았다
어느 날 불현듯 떠올라
풀벌레처럼 울다 가곤 했다

유월의 숲

산꿩 우는 소리
오후 두어 시쯤의 적막이 갈라졌다
합해졌다를 되풀이 하다
무덤 가에 누워 하늘을 본다
어떠한 모습으로
어느 하늘 아래 머문들
그게 무어 대수리
오래된 외로움 속엔 불씨가 있어
마음 한가한 날 화르륵 불꽃이 일면
그걸로 숲에다 확 불이나 놀까

전과 다름 없이

지리산 높이쯤은 될 법한 한세상 능선 넘어
당신이 푸르름 속으로 들어간 뒤
달라진 것은 별로 없습니다.
이가 아파 자주 칫과에 다니는 거 하고
알게 모르게 술이 조금씩 느는 정돌까요
새벽에 혼자서 달 보는 일이나
바람 불어 꽃잎 날리면
꽃나무 밑에 서 있는 것도 전과 같습니다
누군가 세상에 태어나고
누군가 우리들 곁을 떠나도
우리 사는 지상은 전과 다름 없습니다.
그래서, 나도 전과 다름 없이 살아갑니다

전생前生

처음 가 본 낯선 곳에서 전에 다녀간 낯익은 느낌을 여러번 경험했다. 나는 전생에 이 지상에 여자로 살다 갔을까. 주변 사람들의 잔 정 없음이 야속하고 안 만난 사이의 일이 미세한 눈금까지 알고 싶다. 아무래도 나는 전생에 버림받아 잊혀진 서러운 여인이었나 보다. 계절이 바뀌어도 슬픈 일 생길까 불안하고 눈이 내려도 그리움에 일이 손에 잡히지 않는다. 만남 뒤의 일상적인 헤어짐을 유달리 견딜 수 없으니 나는 전생에 혹독한 외로움 속에서 한생을 접었나 보다

주남 저수지에서

못물은 푸르건만 새들은 돌아오지 않았다
둑길을 따라 끝없이 걸으며
늘 곁에 있었으나 각각 홀로 멀리 날았던
지난 날들을 이야기 했다
그 너른 못엔
같아 보여도 바람에 따라 조금씩 다른 물결들이
무슨 그리움의 결처럼 출렁이고 있었다
못 위에 가득한 새들의 울음 소리
고니의 그 서럽도록 우아한 날개짓
멀리 홀로 헤맸던 날들은 새떼가 되어
서로의 마음의 못을 찾아 날아왔다
겨울은 아직 오지 않았지만

노을진 갈대숲

저무는 갈대숲에 서면
가난했던 어린 시절 떠오른다
지는 햇살에 노랗게 금빛으로 타는
허기를 돋구던 그 모습이
지금은 왜 그리움으로 흔들리나 몰라
사정없이 긴 여름 해
그 참 억세고 푸릇푸릇하던
무성하고 끝 없던 갈대숲
우리 어린 날 질기디 질긴 베고픔같은
하구의 배들은 떠나고 돌아오지 않건만
나는 왜 갈대숲에 번지는 노을에
지금도 가슴이 젖나 몰라
그 시절 그 가난이
고스란히 가슴이 남아
오늘도 갈대가 되어 흔들리나 몰라

돌아오지 않는 새

겨울 숲에서 재낸 새들의 밤이
승천하고 있다
새들은 혼자 울지 않는다
서로를 부르며 온 숲에서
햇살로 퍼져나간다

어느 날 한 마리의 새가
숲으로 돌아오지 않는다면
숲은 새를 기다리지 않는다.
어디선가 햇살을 타고 하늘에 올랐음을
숲은 안다.
봄이면 초록의 잎으로 돌아옴을
또한 숲은 안다.

오래 전부터 새는 숲이고
오래 전부터 숲은 새다

이승의 가을

다시 풀벌레가 웁니다
엽서 한 장 노을에 띄웁니다

사인암

눈에 보이지 않아
마음에서 멀어졌다는 말
사인암 지나며 골똘이 생각하네
무수한 낮과 밤의 날과 씨가 새긴
떨어져 나가고 패인 살들
살들에 새겨진 지울 수 없는
가슴의 화인火印
짐작으로 어루만지노라면
사람들 가슴에도 사인암이 있었네
못 잊는 것 하나쯤
가슴에 안고 사는 것
어쩌면 땅에 사는 축복이리
살아 있어 잊으려 아파하는 것
가슴에 피는 빨간 찔레꽃 덩굴이리

* 사인암 : 단양 8경의 하나
세월의 풍상을 간직한 큰 바위.

조지아, 내 마음 깊은 곳에

— 레이 찰스에게

언제나 빛을 향해 걸었던
빛에 목말랐던 서러운 사내
레이 찰스
그대의 노래는
영원을 향해 걸어가는
외로운 영혼의 흐느낌이다.
지상의 슬픔들에게 따듯하게 색을 입히는
잔잔한 불빛이다

조지아, 우리들 마음 속의 고향은
갈 수 없는 먼 곳에 있다.

적막한 저녁

무릎 꿇은 채 돌이 되고 싶다
가장 까만
빛나는 나의 죄罪를
목청껏 알리고 싶다
땅의 끝을 지나 온 하늘에 퍼지도록.

국화차 향기

끝자락에 걸려 있던 단풍도 가고
서리 자주 내린다
산도 들도 갑자기 고요하다
눈이 올 때까진
바람만 곁에 있다
국화차 향기 은은한 밤
살다 보면 잊는 다는 거
거짓임을 새삼 알겠다
가슴이 아린 향기
늦도록 허공에 맴도는 시간
몇 번이고 찻물을 데운다
채워도 채워지지 않는 것은 그리움만이 아니다
나의 머리칼은 이 밤 더 희어진다

고향으로 가는 기차

저녁이 되자
역마다
기다리는 사람들의 수가 늘었다.
나를 바라보는 눈빛에서
잊었던 따듯함이 나의 추위를 녹였다

얼마나 오래 기다리셨어요
당신이 우리에게 오는 데 걸린 세월만큼
아무것도 미처 준비하지 못했어요
당신은 충분힌 당신 몫의
외로움의 많은 역을 지나왔어요

기차가 달리기를 멈춘 곳
나를 기다리는 마지막 별들이
내가 밟고 내려온
하늘의 사다리를 비추고 있다.

고슴도치

건드리지 마라
상처로 무장한 나를 건드리지 마라
마음 약해져 긴장을 늦추는 그날이 오면
그때는 가시를 세워 나의 심장을 찌르리라
세상을 찌르기 위해 가시를 세우다
때때로 나는 나의 가시에 찔려 피 흘린다
나의 길은 햇빛이 찾지 않는
어둠을 향해 뻗어 있다
피로 얼룩진 그길을
누구도 막으려 마라
내가 흘리는 나의 피는 다시 가시가 되어
세상을 겨누고 있다
가시는 나의 운명이다.

고스톱을 치며

한달에 한두 번
아내는 금지사항을 또박또박 읽는다
당신 고스톱좀 그만하세요
황폐해지는 당신 모습 가슴이 아파요
술좀 줄이세요
흔들리는 당신을 보는 가족들 마음이 어떻겠어요

미안하다 아내여
직장에서의 행복한 하루도 내겐 없었고
그리운 민주주의는 너무 멀었다
데모도 했었고
취조도 받았고 위협도 당했다
세금도 열심히 냈고
자식들 때문에 마음 고생도 열심히 했다
세상은 변했다고 한다
그러나 나는 갈수록 지루하다
세상이 갑자기 즐겁게 변할 리는 없어 보이고
당분간 나의 고스톱은 계속될 것 같다

나의 술은 당분간 계속될 것 같다

미안하다 아내여
당분간이다
그래 그래 당분간

겨울 새벽에 다시 부르다

나를 불렀니
흐르는 것들은 어디선가 만나
하나 되어 흐른다는데
내 가슴이 이토록 저린걸 보면
오늘에야 네가 나를 불렀구나
서러운 흐름 속에 들어 앉아
네가 부르는 소리 듣는다

찬 바람에 문득 몸을 떤다.
네가 나를 부른 게 아니라
내가 다시 너를 불렀구나.

겨울 낙조落照

뼛속으로 바람 부는 지리산 어느 봉우리에 올라
태어난 기쁨에 울었습니다
태어난 슬픔에 울었습니다
온 하늘에 번져가는 불길
한세상 서러움을 태웠습니다
한세상 외로움을 태웠습니다
뼈마디 마디 붉게 타오르고
그리움은 지상에 사리로 남았습니다
합장을 하고 사방을 돌아가며 절을 했습니다
노을 속에 육신을 불태우고 떠나는
태어난 자 누군들 부처가 아니겠습니까
서녘 하늘에 퍼져가는 나의 목소리도
어느새 빨갛게 물이 들었습니다.

강물을 헤적이며

빛깔 없어도
내 모든 부끄러움 속속들이 다 비추는
물빛같은 그대 눈빛을 보면
나는 벌거벗은 채
잘 흔들리는 풀꽃이었다

헤적여도 헤적여도
흔적 없이 흘러가는 강물같은
그대 앞에서
무릎에 얼굴을 묻고 나는 자주 울었다.
바람에 날리는 가벼운 꽃잎으로
그대 마음 가장자리를 헤적이다가

가을 햇살

가을 햇살 속에는
투명한 거울이 있습니다
당신의 눈빛 속에 숨은
안 보이는 아픔도 환하게 비춥니다
아무도 모르는 나의 죄罪를
들킬 것 같아 나는 두렵습니다.
그러나 가을 햇살 속에는 투명함 만한
치유의 따듯한 샘물이 있습니다.
자주 목이 마른 당신에게 내어줄
퍼내어도 줄지 않는 맑은 물이 넉넉합니다.
멀리 땅 끝까지 걸어서라도
자주 아픈 당신을 위해
가을 햇살같은 사람을 꼭 당신께 데려오겠습니다.

빈 마음에 젖어드는 사랑의 예지

이 승 원
(문학평론가 · 서울여대 교수)

미국에 유학을 가 이십 년쯤 살다 돌아온 사람이 이런 얘기를 한 적이 있다. 남들은 자기를 보고 개방된 나라에서 오래 살다 왔으니 현재 한국의 사회 풍속에 대해 선진적인 시각을 가질 것이라 생각하지만 실제로는 한국에 사는 사람들보다 더 보수적이라는 것이다. 왜냐하면 이십 년 전 한국을 떠날 때 한국에 대한 고정관념을 가지고 출국했고 귀국할 때 그 고정관념의 척도를 그대로 가지고 들어왔기 때문에 자신의 가치관은 이십 년 전과 그대로여서 더 보수적이라는 것이다. 충분히 수긍할 수 있는 말이다.

나는 윤상운 시인의 시를 읽으며 그와 유사한 경우를 생각해 보았다. 그는 1973년 『조선일보』 신춘문예에 「연가」라는 작품으로 당선되었다. 나는 1973년에 대학에 입학하여 같은 과 선배의 자랑스러운 신춘문예 당선작을 존경과 선망의 심정으로 여러 번 읽으며 나도 시간이 지나면 그런 시를 쓸 수 있을지 조심스럽게 자문해 보았다. 그 시는 이러했다.

1

그대와 내가 마주보고
그대가 나의 누구인가를 묻고 있을 때
그대는 내게서 멀어지고 있었네.
겨울의 눈 덮인 들에 서건
별이 숨은 어두운 강에 서건
스스로 가득하며 따뜻했던 우리
우리가 거주할 정원의 나무
목련과 라일락 곁에서
정오가 던지는 은빛 그물 안에서
서로의 모습을 정립하려 했을 때
우리는 흔들리기 시작했네
빛과 모습 시간을 뛰어넘는
사랑을, 장식하며
서로의 모습을 확인하기 시작할 때
우리의 입맞춤 속에 녹아있는
모든 것은 무너지고 있었네.

2

잠길에도
잠의 끝에 이르기 전에
우리가 걷는 길은 끊어져 있었어.
바람이 뜨락을 채우는 자정
뜨락을 지키는 소롯한 나무
혼자서 키가 크는 나무위에
그대가 기르는 새는
날아오지 않았어.
잠길에도
그대 사는 숲의 하늘을 알 길 없고
그림자만 긴 나무
낮과 밤이 엇바뀌는 끄트머리쯤
외가닥 바람으로 떠돌아도
그리움의 아슬한 끝은
잡히지 않았어
풀잎에 맺히는 한 방울 이슬
이슬에 비치는
그대 사는 숲의 쟁쟁한 새소리
다가서면, 무수한 빛의 입자로
허공으로 허공으로 날아올랐어.
바람이 홀로 깨어있는 뜨락
어둠에 싸여

나무는 그림자가 길었어.

3

그대와 나의 가슴을 뚫고
어둠의 알맹이가 종처럼 울린다.
바람이 흐르며 쌓이는 곳곳에
그대의 목소리가 흩어지고
앞뒤에서 문이 닫힌다.
그대가 밟고 간
어두운 들의 한쪽 끝
광주리의 햇살을 내려놓으며
건네주던 환한 아침을
가슴에 품어온 거울에 금이 간다.
그대의 얼굴이 흩어져 날고
내가 밟는 어둠
무겁고 예리한 어둠이 살을 부신다.
그대와 나의 분별의 창에 피는
살의 파편
저울눈 위, 눈금을 부수는 그대
야윈 눈빛을 남겨놓고
자신의 모습을 하나하나 무너뜨린다.
어둠 속에
그대의 모습이 홀로 남아

어둠을 이고 일어나고 있다.

—「연가」 전문

1970년대 초 유신체제의 어두운 장막이 내려깔리기 시작할 무렵 어둠과 빛의 교차 속에 직조된 이 순정한 사랑 노래는 사춘기 티를 벗지 못한 내 여린 감수성을 아리게 흔들고도 남았다. 나는 윤상운의 「연가」를 암송하다시피 하며 대학 초년생활을 보냈고 그 시의 가락을 내 청춘의 열병으로 이식하기를 마다하지 않았다. 내 마음을 뒤흔든 선배의 발자취를 좇고 싶었으나 졸업 후 이런저런 일에 휘말리며 많은 세월이 흘렀다.

그로부터 삼십 년 이상의 세월이 흐른 2005년 그의 첫 시집을 받게 되었는데 시집의 자서에서 그는 "전보다 자주 울고 눈물로 세상이라는 숲을 다시 보고 있을 뿐 달라진 것은 내게 없다."라고 말하고 있어 나는 적지 않게 놀랐다. 육십을 바라보는 나이에 전부다 자주 운다는 것도 경이로운 일이었고 눈물로 세상을 다시 본다는 말도 나를 몹시 당혹케 하였다. 한때 건듯하면 눈물을 흘려 별명이 울보였던 나도 오십을 넘어서면서 눈물을 거두고 매우 드라이해졌는데 그는 전보다 더 자주 울고 눈물로 세상을 다시 보고 있다고 고백하고 있는 것이 아닌가. 그 시집의 첫 머리에 실린 시는 삼십 년 전 신춘문예 당선작에 비해 길이만 짧아졌을 뿐 청춘기의 설레는 사랑의 심정을 은은한 음조로 고즈넉히 이어받고 있었다.

당신 만나기 위해 머나먼
눈길 걸어 뻐꾸기 울음으로 내가 왔소

마음에 새긴 당신의
그 말 사리로 맺혀
지금도 눈 감으면 한 송이 별로
어둠을 불 밝혀 앓고 있어요
소리치며 반짝반짝 앓고 있어요

—「첫사랑」 전문

서두 부분에 나오는 '눈길'과 '뻐꾸기'는 시인의 마음이 움직이는 양상을 잘 나타내는 말이다. 첫사랑의 풋풋한 순수함이 그대로 간직되어 있음을 말하는 이 시에서 '머나먼 눈길'은 첫사랑 이후 많은 세월이 흘렀음을 의미하는 동시에 첫사랑을 찾아오는 길이 순결하면서도 신비로운 색감으로 물들어 있음을 암시한다. '눈길'과 '뻐꾸기 울음'은 동시에 공존할 수 없는 모순 관계에 있는 정황이다. 눈길은 겨울에 눈이 와야 형성되는 것이고 뻐꾸기는 6월경에 우리나라로 날아왔다가 겨울이 되면 다시 남쪽으로 날아가 버리는 새다. 그러니 눈길에 뻐꾸기 울음이 들릴 리가 없다. 그러나 시인은 당신을 만나기 위해 걸어오는 길은 차갑고도 신비로운 눈

길이고 당신에게 돌아오는 마음은 뻐꾸기 울음소리 들리는 그런 아련하면서도 애틋한 상태임을 나타내고자 한 것이다.

'사리' 는 성자나 수도승을 화장했을 때 유골에서 발견의는 구슬 모양의 결정체를 뜻한다. 당신의 말이 마음속에 사리로 남아 있다는 것은 시간과 공간의 변화에도 불구하고 당신의 말이 변함없이 그대로 남아 있을 뿐만 아니라 시간이 갈수록 사리처럼 영롱한 빛을 더해 간다는 뜻이 포함되어 있다. 마음속의 사리는 어둠을 밝히는 별의 이미지가 되어 반짝반짝 빛을 내면서 또 한편으로는 무어라 소리를 내며 앓는 모습을 취한다고 했다. 어둠을 밝히는 빛을 낸다는 것은 쉽게 이해할 수 있지만 소리치며 앓는다는 것은 무엇을 의미하는 것일까? 그것은 진실한 사랑이 필연적으로 동반하게 되는 슬픔과 아픔의 감정을 환기한다. 진실한 사랑은 기쁨을 동반하는 것이 아니라 슬픔을 동반한다. 상대방을 사랑하지만 그 사랑으로 상대방에게 해 줄 수 있는 것이 없어서 사랑은 슬프고, 과연 내가 상대방을 제대로 사랑할 수 있는 존재임을 확인할 수 없어서 또 슬프고, 어떠한 사랑도 인간 생명의 유한성을 넘어설 수 없기에 다시 슬픈 것이다. 그대가 나에게 남긴 말은 생명이 끝나는 날까지 가슴에 사리로 맺혀 별처럼 마음의 어둠을 밝혀주고 있지만 그것은 첫사랑의 추억을 불러일으킬 뿐 그것을 실현할 방도는 아무 것도 없기에 "소리치며 반짝반짝" 앓을 수밖에 없는 것이다.

이러한 사랑의 간절함과 그것에 대한 관심은 이번 시집의 시편에서도 변함없이 이어지고 있다. 그는 아예 감정의 통제를 놓아 버린 듯 "어이할꺼나/이 나이에 다시 사랑을 하면"(호수)이라고 염려하는 마음을 드러내지만 잊히지 않는 사랑과 채워지지 않는 그리움 때문에 불면의 밤을 지낸다고 고백한다. "끝자락에 걸려 있던 단풍도 가고"(국화차 향기) 서리 자주 내리는 계절의 변화 속에 "나의 머리칼은 이 밤 더 희어"지지만 채워지지 않는 사랑의 갈증으로 인해 "가슴이 아린 향기/늦도록 허공에 맴도는" 것을 감수할 따름이다. 이와 더불어 다음과 같은 시를 보면 그가 간직한 사랑의 온기는 여전히 유순하게 이어지고 있음을 알 수 있다. 고통스러운 불면과 한숨의 나날 같은 사랑의 번민은 어느 정도 정리되고, 온유하고 투명한 치유로서의 사랑을 새롭게 기원하고 있다.

가을 햇살 속에는
투명한 거울이 있습니다
당신의 눈빛 속에 숨은
안 보이는 아픔도 환하게 비춥니다
아무도 모르는 나의 죄罪를
들킬 것 같아 나는 두렵습니다.
그러나 가을 햇살 속에는 투명함 만한
치유의 따듯한 샘물이 있습니다.
자주 목이 마른 당신에게 내어줄

퍼내어도 줄지 않는 맑은 물이 넉넉합니다.
멀리 땅 끝까지 걸어서라도
자주 아픈 당신을 위해
가을 햇살같은 사람을 꼭 당신께 데려오겠습니다.

—「가을 햇살」 전문

이 시에는 사랑이라는 말은 나오지 않으나 당신에게 꼭 필요한 것을 가져다주겠다는 발상의 절실함으로 보아 당신에 대한 사랑을 표현한 것으로 이해된다. 시인은 가을 햇살에서 투명한 거울을 본다. '가을'과 '거울'은 발음도 비슷하니 해맑은 가을의 기류에서 투명한 거울을 충분히 연상할 수 있을 것이다. 가을 햇살의 투명한 거울은 사람의 마음속에 숨어 있는 아픔을 환하게 비출 뿐만 아니라 깊숙이 숨어 있는 내밀한 죄罪까지 드러낼 수 있다. 아무도 모르는 죄를 끄집어낸다는 점은 두려운 일이지만 아픔을 환하게 비추어 주기에 가을 햇살은 아픔을 다스리는 치유의 기능을 갖게 된다. 신통한 명의에게 고질병을 치료받기 위해서는 마음속의 어두운 비밀까지 다 드러내야 할 것이다. 치유의 은사를 허락받기 위해서는 고해의 과정이 필요한 법이다.

시인은 고해의 제의에 대해서는 더 이상 말하지 아니하고 '치유의 샘물'에 대해 이야기한다. 가을 햇살에 간직되어 있는 샘물은 서늘한 샘물이 아니라 '따듯한 샘물'이고 아무리 퍼내어도 줄지 않는 신비의 샘물이다. 당신은 자주 목이 마르고 또 자주 아프니 그런 당신을 위해 가을 햇살의 온유함이 꼭 필요하다. 화자는 당신을 위해 가을 햇살 같은 사람을 당신에게 꼭 데려오겠다고 말한다. 그것은 스스로 그런 존재가 되겠다는 다짐을 겸손하게 돌려 말한 것이다. 그는 자신의 죄가 투명하게 다 드러나더라도 당신의 아픔을 환하게 비추어 아픔을 멎게 하고 갈증을 멎게 해 줄 투명한 치유의 햇살이 퍼지기를 소망한다. 맑은 햇살은 사물을 반영하는 거울이 되고 거울은 깊이를 지닌 샘물이 되면서 내면의 기원은 물질적 변화를 이룩한다.

아무리 사랑을 이야기해도 시인이 실제로 바라는 것은 감정의 구속에서 벗어나는 일이다. 그는 가을 햇살처럼 청량한 기류를 거쳐 마음의 평정에 도달하기를 원한다. 비록 마음속에 감추어진 옹이가 많고 흘려야 할 눈물도 많으나 "세상살이 인연의 번거로움에서"(문득 산을 보며) 벗어나 모든 것을 놓아버리고 한가한 마음에 이르는 것을 꿈꾼다. 그런 소망은 다음과 같은 자기 성찰의 단계를 경유한다.

잠자리 날개의 가는 금까지
환하게 비치는 그런 날에
잘 늙은 노인 같은 구름이
따스하게 나를 불렀다

자네
가슴에 옹이가 너무 많구먼

햇빛 속으로 걸어가자
골짜기마다 채곡채곡 햇빛을 채우고
산은 나뭇잎들을 다독거리고 있었다

양지 바른 언덕에
말문을 열었다. 고해성사를 하듯
노인에게
감추었던 눈물을 조심스레 꺼냈다

—「볕 좋은 날」 전문

"잠자리 날개의 가는 금까지/환하게 비치는 그런 날" 은 죄와 아픔이 다 비치는 맑은 가을날과 같은 고해의 날이다. 그는 자신의 내면을 그대로 들여다보는 어떤 신령스러운 존재를 원하고 그런 존재 앞에서는 자신의 비밀스러운 죄까지 다 드러내고 싶어 한다. 여기서 그런 존재는 "잘 늙은 노인 같은 구름" 으로 나타난다. 민담이나 전설에 자주 등장하는 현명한 노인(wise old man)의 이미지다. 그 노인의 눈길은 앞에 나온 '따듯한 샘물' 처럼 따스한 온기를 머금고 있다. 그렇게 따스하고 정겨운 눈길은 내 가슴속에 스며들어 작은 옹이까지 다 헤아려 다독거린다. 내 가슴에 옹이가 너무 많다고 속삭여준 사람이 누가 있었던가. 골짜기마다 차곡차곡 햇살을 채우고 나뭇잎들을 포근히 감싸 안은 산은 옹이 많은 사람 역시 넉넉히 끌어안는다. 양지 바른 언덕 구름 아래 행해지는 화자의 고해성사는 경건하다. 옹이는 많았으나 전혀 내색하지 않았던 마음의 고삐를 풀고 오래도록 감추었던 눈물을 조심스레 꺼냈던 것이니 그것 역시 아픔을 치유하는 속 깊은 샘물의 이미지였다. 여기서 '조심스레 꺼냈다' 라는 말이 인상적이다. 아무에게나 눈물을 보이는 것이 아니라 자신의 속내를 알아 줄만한 존재에게 눈물을 꺼내 보이는 것이니 '잘 늙은 노인' 에게 자신의 고해를 하는 것이다.

이렇게 마음의 옹이를 구름에게 전하기는 하지만 그런 기회가 흔한 것은 아니다. 보통의 경우 자신의 아픔이라든가 서러움의 내막을 모른 채 살아가는 것이 일반적이다. 사람은 살면서 이런저런 사람을 만나고 헤어진다. 때로 깊은 정을 주고받기도 하지만 세월이 지나면 떠날 사람은 떠날 곳으로 가고 그래도 달라지는 것은 아무 것도 없다. "누군가 세상에 태어나고/누군가 우리들 곁을 떠나도/우리 사는 지상은 전과 다름없습니다"(전과 다름없이)라고 말하는 것이 인생인 것이다. 그런 어느 순간 존재의 낯설음이 우리에게 밀려들 때가 있다. 망망한 우주의 외톨이로 우두커니 서 있는 우리의 낯선 모습이.

자다 일어나 생각한다
한평생 함께 지낸 사람들
생각할수록 모르겠다
첫새벽 동네를 한 바퀴 다 돌아도
때때로 서러운 이유를 모르겠다
거울에 비치는 내가
너무 낯설다
이 막막한 우주
우두커니 창가에 우두커니
쬐끄맣게
시간을 잊고 서 있다.

—「쬐끄맣게」 전문

시인은 자다가 왜 한밤중에 일어나 생각에 잠긴 것일까? 시인이 모르고 한평생 함께 지낸 사람들도 모른다. 그러나 세상에 모르는 것이 이것 하나이겠는가? 생각해 보면 세상은 모르는 것으로 가득 차 있다. 나이가 들어서 아침잠이 없어져서인지 시인은 새벽에 동네를 한 바퀴 휘 돈다고 했다. 그렇게 산책을 해도 왜 가슴속에 서러움이 남아 있는 것일까? 마음에 감추어져 있는 비밀스러운 죄 때문인가? 그럴 때 거울에 비친 자신의 모습은 무척 낯설다. 그 거울은 가을 햇살의 해맑은 거울일까? 아니면 "잠자리 날개의 가는 금까지/환하게 비치는 그런 날"의 구름일까? 어느 것이든 맑은 거울에 비친 죄 지은 영상은 낯설 수밖에.

그런 시인에게 자신의 모습은 매우 낯설게 인식되었다. 그것도 그냥 낯선 것이 아니라 '너무 낯선' 상태로 비쳤다. 자신의 낯선 모습에 우주는 더욱 막막해 보이고 가슴의 까닭 모를 서러움도 더 진하게 다가왔을 것이다. 도대체 이 막막한 우주에 나의 존재란 무엇이란 말인가? 자신은 우두커니 창가에 서 있는데 그 모습은 아주 왜소해 보인다. 그것은 더욱 서럽고 낯선 모습이다. '쬐끄맣게' 라는 말은 그 순간의 당혹감과 소외감을 그대로 드러낸다. 창가에 우두커니 서서 시간을 잊고 서 있는 쬐끄만 존재, 그것이 시인의 모습이다. 아니 우리의 모습이다. 스스로를 이렇게 왜소하고 소외된 존재로 인식할 때 진정한 자기 성찰이 시작되고 자신과 타인에 대한 진정한 사랑이 시작된다. 성찰과 사랑에서 생의 예지가 싹튼다. 아니 생의 예지가 진정한 성찰과 사랑을 이끈다. 그 둘 중 어느 것이 먼저인지 사실은 알 수가 없다.

운동장 한 귀퉁이
은행나무와 편백나무가 가지를 서로에게 기대고
서로를 지탱해 주고 있다
모양도 다르고 이름도 다른 나무들이
함께 그늘을 만들고 있다.
바람은 예전처럼 불지만 바람 때문에
많이 힘들어 하지는 않는 것처럼 보인다

길에서 만난 사람들에게 흔들리는
나의 가지를 슬며시 기대고 싶다
서로의 가지로 서로를 지탱해 주며
당신이 은행나무라면 나는 편백나무가 되어
가지 속에 흐르는 서로의 눈물로
함께 그늘을 만들고 싶다
혼자서 감당하던 바람들을 함께 견디며

—「나무가 되어 가지를 서로에게 기대다」 전문

세상의 아픔을 견디는 것이든 그리움과 외로움을 견디기 위함이든 서로 기대고 지탱하여 혼자서 감당하던 것을 둘이 견딜 때 아픔과 서러움은 감소될 수 있다. 시인은 그것을 운동장 한 귀퉁이의 나무에서 배웠다. 운동장 한 귀퉁이에는 은행나무와 편백나무가 있다. 은행나무는 낙엽 교목이고 편백나무는 상록 교목이어서 하나는 잎이 지고 하나는 겨울에도 푸른 잎을 그대로 유지하지만 두 나무 다 높이 자라는 교목이다. 키 큰 두 나무가 서로 기대어 지탱해 주는 모습이 매우 보기 좋았을 것이다. 그들은 함께 그늘을 만들어 쉼터를 만들어 주고 바람이 불어도 가지를 벌려 의지하여 흔들림도 훨씬 가벼이 하였다.

사람도 혼자 있을 때는 바람에 심하게 흔들리는 작은 나무다. 슬픔과 아픔을 민감하게 느끼는 시인도 바람에 흔들리는

'쬐끄만' 나무다. 시인도 나무처럼 사람들에게 슬며시 기대고 싶고 사람들 역시 자신에게 그들의 가지를 기대기를 바란다. 은행나무와 편백나무처럼 서로 기대어 힘을 주고받으면 서로의 눈물은 더위를 식히는 그늘이 되고 서로의 아픔은 바람을 견디는 지혜가 될 것이다. 은행나무나 편백나무처럼 그렇게 우뚝 높아지지는 않는다 하더라도 함께 그늘을 만들고 바람을 함께 견디는 일이 사람에게는 필요한 법이다. 사랑과 그리움으로 인해 늘 감당하기 힘든 연약한 마음이 나무의 표상을 통해 위안과 교훈을 얻으며 삶의 예지에 눈길을 돌린다.

삶의 예지에 대한 관심은 시인을 식물적 상상력으로 이끈다. 사람은 자연을 닮아가면서 희로애락의 시간 속에 담담하게 세상을 떠나는 법을 배우며, 쓸모없는 오지항아리에서도 무욕의 충만함과 포용의 너그러움을 발견하게 된다. "과거의 익숙한 서로를 이제는 놓아"(낯선 곳으로 떠나다) 주어 낯선 곳으로 자유롭게 떠나게 하는 지혜를 터득해야 한다. 세상 만물에 우리가 본받아야 할 스승이 있고 삼라만상이 우리와 마음을 나눌 벗이 될 수 있는 것이다. 시인의 오랜 친구는 다음과 같은 덕성을 지니고 있으니 사랑과 그리움을 쓰다듬는 지혜가 아주 자연스럽게 흘러나올 만하다.

비단 뫼 흰 바위 마을 어귀에는 나이 지긋한 우리의 오랜 친구가 있습니다. 옛날 우리 할아버지의 할아버지 되시는 또 그 할아버지의 할아버지 되시는 분들과 친구였으나 이제는 우리의 친구가 된 참 오래 된 느티나무죠. 젊어서는 눈치가 보여 곁에 다가가기 어려웠으나 무더운 날 이런 저런 푸념 다 들어주고 막걸리 몇 사발에 여름해가 기울 때까지 누워 있어도 싫은 내색 않는 변함없는 친구죠. 흉한 일이나 기쁜 일이나 다 함께 겪으며 누구의 말이든 끊는 법 없는 참 넓은 귀를 가진 친굽니다. 오래 못 만나면 더러 꿈에라도 찾아와 그늘 한 자락을 슬며시 내어주고 가는 말없는 친구. 우리가 떠나고 나면 우리 아이들과도 또 그 아이들의 아이들과도 친구가 되어 마을을 지켜 줄 우리를 마음 편하게 만드는 친구. 한 번도 우리에게 원하는 게 없었습니다. 내년 봄엔 막걸리라도 듬뿍 원 없이 먹여주고 그 친구 푸념을 듣고 싶습니다. 아마 빙그레 웃으며 연초록 눈을 열심히 틔우겠지요. 곁에 있거나 멀리 떠나 있거나 우리들 마음의 눈 한 가운데엔 늘 푸르른 잎을 달고 한결같은 모습의 그 친구가 우뚝 서 있습니다.

—「오랜 친구」 전문

시인의 나이 지긋한 오랜 친구는 몇 백 년 된 느티나무다. 그 나무는 시인의 친구이기 이전에 저 먼 윗대 선조들의 친구로 대대손손 이어온 내력을 지니고 있다. 내가 짜증을 내건 푸념을 하건 변함없이 나를 맞이해 주는 친구이며 넓고 큰 귀로 누구의 무슨 말이든 가리지 않고 들어주는 도량을 지녔다. 그러면서도 그 친구는 한 번도 우리에게 어떤 요구를 한 적이 없다. 이처럼 일방적으로 우리에게 베풀어주기만 하는 존재를 친구라 할 수 있을까? 시인은 다음해 봄에 막걸리라도 듬뿍 먹여주고 그 친구의 푸념을 듣겠다고 하지만 느티나무가 사람에게 푸념을 늘어놓을 리가 없다. "빙그레 웃으며 연초록 눈을 열심히 틔우"는 것이 느티나무에게 어울리는 표정인 것이다. 대대손손 조상들의 친구가 되어 주었듯 자자손손 먼 후손들의 친구로 이어져 갈 우리의 느티나무. 그렇게 변함없고 한결같은 느티나무를 친구라 할 수 있을까? 시인은 당당히 그를 '오랜 친구'라고 부른다.

이순의 나이에도 사랑과 그리움의 애절함을, 그 가슴 아리게 하는 맑은 향을 지녔으니 수백 년 된 느티나무가 능히 그의 친구가 될 수 있을 것이다. 거리의 붕어빵 장수를 무심의 시인으로 여겨 그에게서 "향긋하게 익은 슬픔"을 사 먹으니 수만리 밖 하늘의 낮달도 그의 친구가 될 수 있으리라. 방우리 마을 설재두 씨의 물빛 같은 모습을 사랑하니 잠자던 슬픔도 지혜의 알맹이가 될 수 있으리라. 몸은 이순의 나이에 이르렀으나 마음은 주머니 할아버지를 기다리던 맑은 눈의 소년이니 정갈한 억새의 흰 머리 동반자가 될 만하다. 대학에 입학한 지 사십 년의 세월이 흘렀으나 수업 중에 시를 쓰던 이십대 문학청년의 순정함이 그대로 남아 있으니 이런 시가 쓰여질 만하다. 사십 년간 변함없는 순정의 척도를 그대로 유지하였으니 이런 시집이 능히 엮여질 만하다. 소년의 순정함에 노년의 무심함이 응결된 이 '행복한 나뭇잎' 의 축전 앞에 내 쓸쓸한 해설은 한낱 췌사贅辭에 지나지 않음을 꾀 많은 길손들은 알고 있을 것이다.

시인 윤상운/ 尹相云

대전고등학교를 거쳐 서울대학교 사범대학 국어교육과를 졸업하였다.

1973년 『조선일보』 신춘문예에 「연가」가 당선되어 등단하였다. 2004년부터 시의 길로 돌아왔다.

시 집 : 『달빛 한 쌈에 전어 한 쌈』(2005), 『배롱꽃 붉근 그 길』(2006)

현, 잉여촌 동인

행복한 나뭇잎

지은이 | 윤상운

펴낸이 | 설보혜

펴낸곳 | Poetics 시학

1판 1쇄 | 2008년 9월 30일

출판등록 | 2003년 4월 3일

주소 | 서울 종로구 명륜동1가 42

전화 | 744-0110

FAX | 3672-2674

값 8,000원

ISBN 978-89-91914-48-3 03810